오랑캐꽃

국립중앙도서관 출판시도서목록(CIP)

오랑캐꽃 / 지은이: 이용악. -- 양평군 : 시인생각, 2013
  p. ;   cm. -- (한국대표명시선100)

ISBN 978-89-98047-57-3 03810 : ₩6000

"이용악 연보" 수록
한국 현대시[韓國 現代詩]

811.61-KDC5
895.713-DDC21   CIP2013011782

한국대표
명시선
100

이 용 악

오랑캐꽃

시인생각

■ 시인의 말

　여기 모은 시는 1939년부터 1942년까지 신문 혹은 잡지에 발표한 작품들이다. 초라한 대로 나의 셋쨋번 시집인 셈이다.
　1942년이라면 붓을 꺾고 시굴로 내려가든 해인데 서울을 떠나기 전에 시집 『오랑캐꽃』을 내놓고저 했으나 뜻을 이루지 못했을 뿐만 아니라 그 이듬해 봄엔 모 사건에 얽혀 원고를 모조리 함경북도 경찰부에 빼앗기고 말었다.
　8·15 이후 이 시집을 다시 엮기에 1년이 더 되는 세월을 보내고도 몇 편의 작품은 끝끝내 찾어낼 길이 없어 여기 넣지 못함이 서운하나 위선 모여진 대로 내놓기로 한다.
　끝으로 원고 모으기에 애써주신 신석정 형과 김광현·유정 양군에게 감사하여 마지않는다.

1946년 겨울
저 자 著 者

　　　　　〈시집 『오랑캐꽃』(1947. 3. 20)에서〉

■ 차 례 ──────────── 오랑캐꽃

시인의 말

1

오랑캐꽃　13
전라도 가시내　14
그리움　16
낡은 집　17
두만강 너 우리의 강아　20
고향아 꽃은 피지 못했다　22
두메산골 1　25
풀벌레 소리 가득 차 있었다　26
다시 항구에 와서　28
북쪽　30

한국대표명시선100 이용악

2

북국北國의 가을   33
그래도 남으로만 달린다   34
너는 피를 토하는 슬픈 동무였다   36
제비 같은 소녀야 —강 건너 주막에서   38
나를 만나거든   40
하나씩의 별   42
푸른 한나절   44
집   45
항구   46
등불이 보고 싶다   48

3

달 있는 제사　51

밤이면 밤마다　52

벽을 향하면　54

슬픈 사람들끼리　55

무자리와 꽃　56

하늘만 곱구나　57

흙　58

벌판을 가는 것　59

만추晩秋　60

국경　62

4

거리에서　65
당신의 소년은　66
별 아래　68
막차 갈 때마다　69
시골 사람의 노래　70
벨로우니카에게　72
너는 왜 울고 있느냐　73
우라지오 가까운 항구에서　74
아이야 돌다리 위로 가자　76
해가 솟으면　78

5

죽음　81
38도에서　82
천치天痴의 강아　84
오월에의 노래　86
다리 우에서　87
강가　88
고독　89
소원　90
폭풍暴風　91
열두 개의 층층계　92

이용악 연보　93

1

오랑캐꽃

— 긴 세월을 오랑캐와의 싸움에 살았다는 우리의 머언 조상들이 너를 불러 '오랑캐꽃'이라 했으니 어찌 보면 너의 뒷모양이 머리 태를 드리인 오랑캐의 뒷머리와도 같은 까닭이라 전한다

아낙도 우두머리도 돌볼 새 없이 갔단다
도래샘도 떳집도 버리고 강 건너로 쫓겨갔단다
고려 장군님 무지무지 쳐들어와
오랑캐는 가랑잎처럼 굴러갔단다

구름이 모여 골짝 골짝을 구름이 흘러
백 년이 몇백 년이 뒤를 이어 흘러갔나

너는 오랑캐의 피 한 방울 받지 않았건만
오랑캐꽃
너는 돌가마도 털메투리도 모르는 오랑캐꽃
두 팔로 햇빛을 막아줄게
울어보렴 목놓아 울어나 보렴 오랑캐꽃

전라도 가시내

알룩조개에 입맞추며 자랐나
눈이 바다처럼 푸를뿐더러 까무스레한 네 얼굴
가시내야
나는 발을 얼구며
무쇠다리를 건너온 함경도 사내

바람소리도 호개도 인젠 무섭지 않다만
어두운 등불 밑 안개처럼 자욱한 시름을 달게 마시련다만
어디서 흉참한 기별이 뛰어들 것만 같애
두터운 벽도 이웃도 못 미더운 북간도 술막

온갖 방자의 말을 품고 왔다
눈포래를 뚫고 왔다
가시내야
너의 가슴 그늘진 숲 속을 기어간 오솔길을 나는 헤매이자
술을 부어 남실남실 술을 따르어
가난한 이야기에 고이 잠궈다오

네 두만강을 건너왔다는 석 달 전이면
단풍이 물들어 천리 천리 또 천리 산마다 불탔을 겐데
그래도 외로워서 슬퍼서 치마폭으로 얼굴을 가렸더냐
두 낮 두 밤을 두루미처럼 울어 울어
불슬기 구름 속을 달리는 양 유리창이 흐리더냐

차알삭 부서지는 파도소리에 취한 듯
때로 싸늘한 웃음이 소리 없이 새기는 보조개
가시내야
울 듯 울 듯 울지 않는 전라도 가시내야
두어 마디 너의 사투리로 때아닌 봄을 불러줄께
손때 수줍은 분홍 댕기 휘 휘 날리며
잠깐 너의 나라로 돌아가거라

이윽고 얼음길이 밝으면
나는 눈포래 휘감아치는 벌판에 우줄우줄 나설 게다
노래도 없이 사라질 게다
자욱도 없이 사라질 게다

그리움

눈이 오는가 북쪽엔
함박눈 쏟아져 내리는가

험한 벼랑을 굽이굽이 돌아간
백무선白茂線 철길 우에
느릿느릿 밤새워 달리는
화물차의 검은 지붕에

연달린 산과 산 사이
너를 남기고 온
작은 마을에도 복된 눈 내리는가

잉크병 얼어드는 이러한 밤에
어쩌자고 잠을 깨어
그리운 곳 차마 그리운 곳

눈이 오는가 북쪽엔
함박눈 쏟아져 내리는가

낡은 집

날로 밤으로
왕거미 줄치기에 분주한 집
마을서 흉집이라고 꺼리는 낡은 집
이 집에 살았다는 백성들은
대대손손에 물려줄
은동곳도 산호관자도 갖지 못했니라

재를 넘어 무곡을 다니던 당나귀
항구로 가는 콩실이에 늙은 둥글소
모두 없어진 지 오랜
외양간엔 아직 초라한 내음새 그윽하다만
털보네 간.곳은 아무도 모른다

찻길이 놓이기 전
노루 멧돼지 쪽제비 이런 것들이
앞뒤 산을 마음 놓고 뛰어다니던 시절
털보의 셋째아들은
나의 싸리말 동무는
이 집 안방 짓두리광주리 옆에서
첫울음을 울었다고 한다

"털보네는 또 아들을 봤다우
송아지래두 불었으면 팔아나 먹지"
마을 아낙네들은 무심코
차거운 이야기를 가을 냇물에 실어보냈다는
그날 밤
저릎등이 시름시름 타들어가고
소주에 취한 털보의 눈도 일층 붉더란다

갓주지 이야기와
무서운 전설 가운데서 가난 속에서
나의 동무는 늘 마음 졸이며 자랐다
당나귀 몰고 간 애비 돌아오지 않는 밤
노랑고양이 울어 울어
종시 잠 이루지 못하는 밤이면
어미 분주히 일하는 방앗간 한구석에서
나의 동무는
도토리의 꿈을 키웠다

그가 아홉 살 되던 해
사냥개 꿩을 쫓아다니는 겨울

이 집에 살던 일곱 식솔이
어데론지 사라지고 이튿날 아침
북쪽을 향한 발자욱만 눈 우에 떨고 있었다

더러는 오랑캐령 쪽으로 갔으리라고
더러는 아라사로 갔으리라고
이웃 늙은이들은
모두 무서운 곳을 짚었다

지금은 아무도 살지 않는 집
마을서 흉집이라고 꺼리는 낡은 집
제철마다 먹음직한 열매
탐스럽게 열던 살구
살구나무도 글거리만 남았길래
꽃피는 철이 와도 가도 뒤울안에
꿀벌 하나 날아들지 않는다

두만강 너 우리의 강아

나는 죄인처럼 수그리고
나는 코끼리처럼 말이 없다
두만강 너 우리의 강아
너의 언덕을 달리는 찻간에
조고마한 자랑도 자유도 없이 앉았다

아무 것두 바라볼 수 없다만
너의 가슴은 얼었으리라
그러나
나는 안다
다른 한 줄 너의 흐름이 쉬지 않고
바다로 가야 할 곳으로 흘러내리고 있음을

지금
차는 차대로 달리고
바람이 이리처럼 날뛰는 강 건너 벌판엔
나의 젊은 넋이
무엇인가 기다리는 듯 얼어붙은 듯 섰으니
욕된 운명은 밤 우에 밤을 마련할 뿐

잠들지 말라 우리의 강아
오늘 밤도
너의 가슴을 밟는 뭇 슬픔이 목마르고
얼음길은 거칠다 길은 멀다

길이 마음의 눈을 덮어줄
검은 날개는 없느냐
두만강 너 우리의 강아
북간도로 간다는 강원도치와 마주앉은
나는 울 줄을 몰라 외롭다

고향아 꽃은 피지 못했다

하얀 박꽃이 오들막을 덮고
당콩 너울은 하늘로 하늘로 기어올라도
고향아
여름이 안타깝다 무너진 돌담

돌 우에 앉았다 섰다
성가스런 하루해가 먼 영에 숨고
소리 없이 생각을 디디는 어둠의 발자취
나는 은혜롭지 못한 밤을 또 부른다

    도망하고 싶던 너의 아들
    가슴 한구석이 늘 차가웠길래
    고향아
    돼지굴 같은 방 등잔불은
    밤마다 밤새도록 꺼지고 싶지 않았지

    드디어 나는 떠나고야 말았다
    곧 얼음 녹아내려도 잔디풀 푸르기 전
    마음의 불꽃을 거느리고
    멀리로 낯선 곳으로 갔더니라

그러나 너는 보드러운 손을
가슴에 얹은 대로 떼지 않았다
내 곳곳을 헤매어 살길 어두울 때
빗돌처럼 우두커니 거리에 섰을 때
고향아
너의 부름이 귀에 담기어짐을
막을 길이 없었다

    돌아오라 나의 아들아
    까치둥주리 있는
    아카시아가 그립지 않느냐
    배암장어 구워먹던 물방앗간이
    새잡이하던 버들방천이
    너는 그립지 않나
    아롱진 꽃그늘로
    나의 아들아 돌아오라

나는 그리워서 모두 그리워
먼 길을 돌아왔다만
버들방천에도 가고 싶지 않고

물방앗간도 보고 싶지 않고
고향아
가슴에 가로누운 가시덤불
돌아온 마음에 싸늘한 바람이 분다

이 며칠을 미칠 듯이 살아온 내게
다시 너의 품을 떠나려는 내 귀에
한마디 아까운 말도 속삭이지 말아다오
내겐 한 걸음 앞이 보이지 않는
슬픔이 물결친다

하얀 것도 붉은 것도
너의 아들 가슴엔 피지 못했다
고향아
꽃은 피지 못했다

두메산골 1

들창을 열면 물구지떡 내음새 내달았다.
쌍바라지 열어제치면
썩달나무 썩는 냄새 유달리 향그러웠다

뒷산에두 봇나무
앞산두 군데군데 봇나무

주인장은 매사냥을 다니다가
바위틈에서 죽었다는 주막집에서
오래오래 옛말처럼 살고 싶었다

풀벌레소리 가득 차 있었다

우리집도 아니고
일가집도 아닌 집
고향은 더욱 아닌 곳에서
아버지의 침상寢床 없는 최후의 밤은
풀벌레소리 가득 차 있었다.

노령露領을 다니면서까지
애써 자래운 아들과 딸에게
한 마디 남겨 두는 말도 없었고
아무을만灣의 파선도
설룽한 니코리스크의 밤도 완전히 잊으섰다
목침을 반듯이 벤 채

다시 뜨시잖는 두 눈에
피지 못한 꿈의 꽃봉오리가 갈앉고
얼음장에 누우신 듯 손발은 식어갈 뿐
입술은 심장의 영원한 정지를 가르쳤다.
때늦은 의원이 아무 말 없이 돌아간 뒤
이웃 늙은이 손으로
눈빛 미명은 고요히

낮을 덮었다

우리는 머리맡에 엎디어
있는 대로의 울음을 다아 울었고
아버지의 침상 없는 최후의 밤은
풀벌레소리 가득 차 있었다.

다시 항구에 와서

모든 기폭이 잠잠히 내려앉은
이 항구에
그래도 남은 것은 사람이올시다

한마디의 말도 배운 적 없는 듯한 많은 사람 속으로
어질게 생긴 이마며 수수한 입술이며
그저 좋아서
나도 한마디의 말없이 우줄우줄 걸어나가면
저리 산 밑에서 들려오는 돌 깨는 소리

시바우라 같은 데서 혹은 메구로 같은 데서
함께 일하고 함께 잠자며
퍽도 친하게 지내던 사람들로만 여겨집니다
서로 모르게
어둠을 타 구름처럼 흩어졌다가
똑같이 고향이 그리워서
돌아온 이들이 아니겠습니까

하늘이 너무 푸르러
갈매기는 쭉지에 흰 목을 묻고

어느 움쑥한 바위틈 같은 데 숨어버렸나 본데
차라리 누구의 아들도 아닌 나는 어찌하여
검붉은 흙이 자꾸만 씹고 싶습니까

북쪽

북쪽은 고향
그 북쪽은 여인이 팔려간 나라
머언 산맥에 바람이 얼어붙을 때
다시 풀릴 때
시름 많은 북쪽 하늘에
마음은 눈감을 줄 모르다

2

북국北國의 가을

물개구리 소리 땅 깊이 파묻은 뒤
이슬 맞은 성城돌이
차디찬 사색에 눌리기 시작하면

녹색의 미소를 잃은 포푸라 잎들
가보지 못한 남국을 동경하는데

멀구알이 시들어갈 때
북국 아가씨는
차라리 '고독한 길손' 되기를 소원한다

그래도 남으로만 달린다

한결 해말쑥한 네 이마에
촌스런 시름이 피어오르고
그래도
우리를 실은
차는 남으로 남으로만 달린다

촌과 나루와 거리를
벌판을 숲을 몇이나 지나왔음이냐
눈에 묻힌 이 고개엔
까마귀도 없나 보다

보리밭 없고
흐르는 뗏노래라곤
더욱 못 들을 곳을 향해
암팡스럽게 길 떠난
너도 물새 나도 물새
나의 사람아 너는 울고 싶고나

말없이 쳐다보는 눈이
흐린 수정알처럼 외롭고

때로 입을 열어 시름에 젖는
너의 목소리 어선 없는 듯 가늘다

너는 차라리 밤을 부름이 좋다
창을 열고
거센 바람을 받아들임이 좋다
머릿속에서 참새 재잘거리는 듯
나는 고달프다 고달프다

너를 키운 두메산골에선
가라지의 소문이 뒤를 엮을 텐데
그래도
우리를 실은
차는 남으로 남으로만 달린다

너는 피를 토하는 슬픈 동무였다

겨울이 다 갔다고 생각자
저 들창에
봄빛 다사로이 헤어들게

너는 불 꺼진 토기 화로를 끼고 앉아
나는 네 잔등에 이마를 대고 앉아
우리는 봄이 올 것을 믿었지
식아
너는 때로 피를 토하는 슬픈 동무였다

봄이 오기 전 할미집으로 돌아가던
너는 병든 얼굴에 힘써 웃음을 새겼으나
고동이 울고 바퀴 돌고 쥐었던 손을 놓고
서로 머리 숙인 채
눈과 눈이 마주칠 복된 틈은 다시 없었다

일 년이 지나 또 겨울이 왔다
너는 내 곁에 있지 않다
너는 세상 누구의 곁에도 있지 않다

너의 눈도 귀도 밤나무 그늘에 길이 잠들고
애꿎은 기억의 실마리가 풀리기에
오늘도 등신처럼 턱을 받들고 앉아
나는 저 들창만 바라본다

   봄이 아주 왔다고 생각자
   너도 나도
   푸른 하늘 아래로 뛰어나가게

너는 어미 없이 자란 청년
나는 애비 없이 자란 가난한 사내
우리는 봄이 올 것을 믿었지
식아
너는 때로 피를 토하는 슬픈 동무였다

제비 같은 소녀야
— 강 건너 주막에서

어디서 호개 짖는 소리
서리 찬 갈밭처럼 어수선타
깊어 가는 대륙의 밤—

손톱을 물어뜯다도 살그마니 눈을 감는
제비 같은 소녀야
소녀야
눈감은 양볼에 울정이 돋친다
그럴 때마다 네 머리에 떠돌
비극의 군상群像을 알고 싶다

지금 오가는 네 마음이
탁류에 휩쓸리는 강가를 헤매는가
비 새는 토막에 누더기를 쓰고 앉았나
쭝쿠레 앉았나

감았던 두 눈을 떠
입술로 가져가는 유리잔
그 푸른 잔에 술이 들었음을 기억하는가
부풀어 오를 손등을 어찌려나

윤깔나는 머리칼에
어릿거리는 애수

호인胡人의 말몰이 고함
높낮아 지나는 말몰이 고함—
뼈저린 채찍소리
젖가슴을 감아치는가
너의 노래가 어부의 자장가처럼 애조롭다
너는 어느 흉작촌凶作村이 보낸 어린 희생자냐

깊어 가는 대륙의 밤 —
미구에 먼동은 트려니 햇살이 피려니
성가스런 향수를 버리자
제비 같은 소녀야
소녀야……

나를 만나거든

땀 마른 얼굴에
소금이 싸락싸락 돋친 나를
공사장 가까운 숲 속에서 만나거든
　　내 손을 쥐지 말라
　　만약 내 손을 쥐더라도
옛처럼 네 손처럼 부드럽지 못한 이유를
그 이유를 묻지 말아다오

주름 잡힌 이마에
석고처럼 창백한 불만이 그윽한 나를
거리의 뒷골목에서 만나거든
　　먹었느냐고 묻지 말라
　　굶었느냐곤 더욱 묻지 말고
꿈같은 이야기는 이야기의 한마디도
나의 침묵에 침입하지 말아다오

폐인인 양 시들어져
턱을 고이고 앉은 나를
어둑한 폐가(廢家)의 회랑에서 만나거든

웃지도 말라
　울지도 말라
너는 평범한 표정을 힘써 지켜야겠고
내가 자살하지 않는 이유를
그 이유를 묻지 말아다오

하나씩의 별

무엇을 실었느냐 화물 열차의
검은 문들은 탄탄히 잠겨졌다
바람 속을 달리는 화물 열차의 지붕 우에
우리 제각기 드러누워
한결같이 쳐다보는 하나씩의 별

두만강 저쪽에서 온다는 사람들과
쟈무스에서 온다는 사람들과
험한 땅에서 험한 변 치르고
눈보라치기 전에 고향으로 돌아간다는
남도 사람들과
북어쪼가리 초담배 밀가루떡이랑
나눠서 요기하며 내사 서울이 그리워
고향과는 딴 방향으로 흔들려 간다

푸르른 바다와 거리 거리를
설움 많은 이민열차의 흐린 창으로
그저 서러이 내다보던 골짝 골짝을
갈 때와 마찬가지로
헐벗은 채 돌아오는 이 사람들과

마찬가지로 헐벗은 나요
나라에 기쁜 일 많아
울지를 못하는 함경도 사내

총을 안고 볼가의 노래를 부르던
슬라브의 늙은 병정은 잠이 들었나
바람 속을 달리는 화물 열차의 지붕 우에
우리 제각기 드러누워
한결같이 쳐다보는 하나씩의 별

푸른 한나절

양털모자 눌러쓰고 돌아오신 게 마지막 길
검은 기선은 다시 실어주지 않았다
외할머니 큰아버지랑 계신 아라사를 못 잊어
술을 기울이면 노 외로운 아버지였다

영영 돌아가신 아버지의 외롬이
가슴에 옴츠리고 떠나지 않는 것은 나의 슬픔
물풀 사이 사일 헤어가는 휘황한 꿈에도
나는 두터운 아이 몸소 귀뿌리를 돌린다

잠시 담배연길 잊어버린
푸른 한나절

거세인 파도 물머리마다 물머리 뒤에
아라사도 아버지도 보일 듯이 숨어 나를 부른다
울구퍼도 울지 못한 여러 해를 갈매기야
이 바다에 자유롭자

집

밤마다 꿈이 많아서
나는 겁이 많아서
어깨가 처지는 것일까

끝까지 끝까지 웃는 낯으로
아해들은 층층계를 내려가 버렸나본데
벗 없을 땐
집 한 칸 있었으면 덜이나 곤하겠는데

타지 않는 저녁 하늘을
가벼운 병처럼 스쳐 흐르는 시장기
어쩌면 몹시두 아름다워라
앞이건 뒤건 내 가차이 모올래 오시이소

눈감고 모란을 보는 것이요
눈감고
모란을 보는 것이요

항구

태양이 돌아온 기념으로
집집마다
카렌다아를 한 장씩 뜯는 시간이면
검누른 소리 항구의 하늘을 빈틈없이 흘렀다

머언 해로海路를 이겨낸 기선이
항구와의 인연을 사수하려는 검은 기선이
뒤를 이어 입항했었고
상륙하는 얼굴들은
바늘 끝으로 쏙 찔렀자
솟아나올 한 방울 붉은 피도 없을 것 같은
얼굴 얼굴 희머얼건 얼굴뿐

부두의 인부꾼들은
흙을 씹고 자라난 듯 꺼머틱틱했고
시금트레한 눈초리는
푸른 하늘을 쳐다본 적이 없는 것 같았다
그 가운데서 나는 너무나 어린
어린 노동자였고—

물 위를 도롬도롬 헤어다니던 마음
흩어졌다도 다시 작대기처럼 꼿꼿해지던 마음
나는 날마다 바다의 꿈을 꾸었다
나를 믿고자 했었다
여러 해 지난 오늘 마음은 항구로 돌아간다
부두로 돌아간다 그날의 나진羅津이여

등불이 보고 싶다

하늘이 금시 무너질 양 천둥이 울고
번갯불에 비춰는 검은 봉우리 검은 봉우리

미끄러운 바위를 안고 돌아 몇 굽이 돌아봐도
다시 산 사이 험한 골짝길 자욱마다 위태롭다

옹골찬 믿음의 불수레 굴러 조마스런 마암을 막아보렴
앞선 사람 뒤떨어진 벗 모두 입다물어 잠잠

등불이 보고 싶다
등불이 보고 싶다

귀밑 짓는 두멧사람아
멀리서래두 너의 강아지를 짖겨 다오

3

달 있는 제사

달빛 밟고 머나먼 길 오시리
두 손 합쳐 세 번 절하면 돌아오시리
어머닌 우시어
밤새 우시어
하아얀 박꽃 속에 이슬이 두어 방울

밤이면 밤마다

가슴을 밟고 미칠 듯이 걸어오는 이
음침한 골목길을 따라오는 이

바라지 않는 무거운 손이 어깨에 놓여질 것만 같습니다
붉은 보재기로 나의 눈을 가리우고 당신은
눈먼 사나이의 마지막을
흑 흑 느끼면서 즐길 것만 같습니다

메레토스여 검은 피를 받은 이
밤이면 밤마다
내 초조로이 돌아가는 좁은 길이올시다

술잔을 빨면 모든 영혼을 가벼이 물리칠 수 있었으나
나중에 내 돌아가는 곳은
허깨비의 집이올시다 캄캄한 방이올시다
거기 당신의 제우스와 함께 가두어뒀습니다
당신이 엿보고 싶은 가지가지 나의 죄를

그러나 어서 물러가십시오
푸른 정녕코 푸르른 하늘이 나를 섬기는 날

당신을 찾아
여러 강물을 건너가겠습니다
자랑도 눈물도 없이 건너가겠습니다

벽을 향하면

어느 벽에도 이름 모를 꽃
향그러이 피어 있는 함 속 같은 방이래서
기꺼울 듯 어지러움다

등불을 가리고 검은 그림자와 함께
차차루 멀어지는 벽을 향하면
날라리 불며
날라리 불며 모여드는 옛적 사람들

검푸른 풀섶을 헤치고 온다
배암이 알 까는 그윽한 냄새에 불그스레
취한 얼굴들이 해와 같다

슬픈 사람들끼리

다시 만나면 알아 못 볼
사람들끼리
비웃이 타는 데서
타래곱과 도루모기와
피 터진 닭의 볏 찌르르 타는
아스라한 연기 속에서
목이랑 껴안고
웃음으로 웃음으로 헤어져야
마음 편쿠나
슬픈 사람들끼리

무자리와 꽃

가슴은 뫼풀 우거진 벌판을 묻고
가슴은 어느 초라한 자리에 묻힐지라도
만날 것을
아득한 다음날 새로이 만나야 할 것을

마음 그늘진 두던에 엎디어
함께 살아온 너
어디루 가나

불타는 꿈으로 하여 자랑이던
이 길을 네게 나누자
흐린 생각을 밟고 너만 어디루 가나

눈을 감으면 너를 따라
자욱자욱 꽃을 디딘다
휘휘로운 마음에 꽃잎이 흩날린다

하늘만 곱구나

　집도 많은 집도 많은 남대문턱 움 속에서 두 손 오그려 혹혹 입김 불며 이따금씩 쳐다보는 하늘이사 아마 하늘이기 혼자만 곱구나

　거북네는 만주서 왔단다 두터운 얼음장과 거센 바람 속을 세월은 흘러 거북이는 만주서 나고 할배는 만주에 묻히고 세월이 무심찮아 봄을 본다고 쫓겨서 울면서 가던 길 돌아왔단다

　띠팡을 떠날 때 강을 건널 때 조선으로 돌아가면 빼앗겼던 땅에서 농사지으며 가갸거겨 배운다더니 조선으로 돌아와도 집도 고향도 없고

　거북이는 배추꼬리를 씹으며 다디달구나 배추꼬리를 씹으며 꺼무테테한 아배의 얼굴을 바라보면서 배추꼬리를 씹으며 거북이는 무엇을 생각하누

　첫눈 이미 내리고 이윽고 새해가 온다는데 집도 많은 집도 많은 남대문턱 움 속에서 이따금씩 쳐다보는 하늘이사 아마 하늘이기 혼자만 곱구나

흙

애비도 종 할애비도 종 한뉘 허리 굽히고 드나들던 토막 기울어진 흙벽에 쭝그리고 기대앉은 저 아이는 발가숭이 발가숭이 아이의 살결은 흙인 듯 검붉다

덩쿨 우거진 어느 골짜구니를 맑고 찬 새암물 돌 돌 가느다랗게 흐르는가 나비사 이미 날지 않고 오랜 나무 마디마디에 휘휘 감돌아 맺힌 고운 무늬 모양 버섯은 그늘에만 그늘마다 피어

잠자듯 어슴프레히 저놈의 소가 항시 바라보는 것은 하늘이 높디높다란 푸른 하늘이 아니라 번질러놓은 수레바퀴가 아니라 흙이다 검붉은 흙이다

벌판을 가는 것

몇 천 년 지난 뒤 깨어났음이뇨
나의 밑 다시 나의 밑 잠자는 혼을 밟고
새로이 어깨를 일으키는 것
나요
불길이요

쌓여 쌓여서 훈훈히 썩은 나뭇잎들을 헤치며
저리 환하게 열린 곳을 뜻함은
세월이 끝나던 날
오히려 높디높았을 나의 하늘이 남아 있기 때문에

내 거니는 자욱마다 새로운 풀폭 하도 푸르러
뒤돌아 누구의 이름을 부르료

이제 벌판을 가는 것
바람도 비도 눈보라도 지나가 버린 벌판을
이렇게 많은 단 하나에의 길을 가는 것
나요
끝나지 않는 세월이요

만추晩秋

노오란 은행잎 하나
호리호리 돌아 호수에 떨어져
소리 없이 호면湖面을 미끄러진다
또 하나—

조이삭을 줍던 시름은
요즈음 낙엽 모으기에 더욱더
해마알개졌고

하늘
하늘을 처다보는 늙은이 뇌리에는
얼어 죽은 친지 그 그리운 모습이
또렷하게 피어오른다고
길다란 담뱃대의 뽕잎 연기를
하소에 돌린다

돌개바람이 멀지 않아
어린것들이
털 고운 토끼 껍질을 벗겨
귀걸개를 준비할 때

기름진 밭고랑을 가져 못 본
부락민 사이엔
지난해처럼 또 또 그 전해처럼
소름 끼친 대화가 오도도오 떤다

국경

 새하얀 눈송이를 낳은 뒤 하늘은 은어의 향수처럼 푸르다 얼어 죽은 산토끼처럼 지붕 지붕은 말이 없고 모진 바람이 굴뚝을 싸고돈다 강 건너 소문이 그 사람보다도 기다려지는 오늘 폭탄을 품은 젊은 사상이 피에로의 비가에 숨어 와서 유령처럼 나타날 것 같고 눈 우에 크다아란 발자옥을 또렷이 남겨 줄 것 같다 오늘

4

거리에서

 아무렇게 겪어온 세월일지라도 혹은 무방하여라 숨맥혀라 숨맥혀라 잔바람 불어오거나 구름 한 포기 흘러가는 게 아니라 어디서 누가 우느냐

 누가 목메어 우느냐 너도 너도 너도 피 터진 발꿈치 피 터진 발꿈치로 다시 한 번 힘 모두어 땅을 치자 그러나 서울이어 거리마다 골목마다 이마에 팔을 얹은 어진 사람들

 눈보라여 비바람이여 성낸 물결이어 이제 휩쓸어오는가 불이어 불길이어 노한 청춘과 함께 이제 어깨를 일으키는가

 우리 조그마한 고향 하나와 우리 조그마한 인민의 나라와 오래인 세월 너무나 서러웁던 동무들 차마 그리워 우리 다만 앞을 향하여 뉘우침 아예 없어라

당신의 소년은

설룽한 마음 어느 구석엔가
숱한 별들 떨어지고
쏟아져 내리는 빗소리에 포옥 잠겨있는
당신의 소년은

아득히 당신을 그리면서
개울창에 버리고 온 것은
갈가리 찢어진 우산
나의 슬픔이 아니었습니다

당신께로의 불길이
나를 싸고 타올라도
나의 길은
캄캄한 채로 닫힌 쌍바라지에 이르러
언제나 그림자도 없이 끝나고

얼마나 많은 밤이 당신과 나 사이에
테로스의 바다처럼
엄숙히 놓여져 있습니까
당신은 당신의 슬픔에서만 나를 찾았고

나는 나의 슬픔을 통해 당신을 만났을 뿐입니까

어느 다음날
수풀을 헤치고 와야 할 당신의 옷자락이
훠얼 훨 앞을 흐리게 합니다
어디서 당신은 이처럼 소년을 부르십니까

별 아래

눈 내려
아득한 나라까지도 내다보이는 밤이면
내사야 혼자서 울었다

나의 피에도 머물지 못한 나의 영혼은
탄타로스여
너의 못가에서 길이 목마르고

별 아래
숱한 별 아래

웃어보리라 이제
헛되이 웃음지어도 밤마다 붉은 얼굴엔
바다와 바다가 물결치리라.

막차 갈 때마다

어쩌자고 자꾸만 그리워지는
당신네들을 깨끗이 잊어버리고자
북에서도 북쪽
그렇습니다 머나먼 곳으로 와 버린 것인데
산굽이 돌아 돌아 막차 갈 때마다
먼지와 함께 들이켜기엔
너무나 너무나 차거운 유리잔

시골 사람의 노래

귀 맞춰 접은 방석을 베고
젖가슴 헤친 채로 젖가슴 헤친 채로
잠든 에미네며 딸년이랑
모두들 실상 이쁜데
요란스레 달리는 마지막 차엔
무엇을 실어 보내고
당황히 손을 들어야 하는 것일까

몇 마디의 서양말과 글 짓는 재주와
그러한 것은 자랑삼기에 욕되었도다

흘러내리는 머리칼도
목덜미에 점점이 찍혀
되레 복스럽던 검은 기미도
언젠가 쫓기듯 숨어서
시골로 돌아온 시골 사람
이 녀석 속눈썹 즐즐히 길다란 우리 아들도
한 번은 갔다가
섭섭히 돌아와야 할 시골 사람

불타는 술잔에 꽃향기 그윽한데
바람이 이는데
이제 바람이 이는데
어디루 가는 사람들이
서로 담뱃불 빌고 빌리며
나의 가슴을 건너는 것일까

벨로우니카에게

고향선 월계랑 붉게두 피나보다
내사 아무렇게 불러도 즐거운 이름

어디서 멎는 것일까
달리는 뿔사슴과 말발굽 소리와
밤중에 부불을 치어든 새의 무리와

슬라브의 딸아
벨로우니카

우리 잠깐 자랑과 부끄러움을 잊어버리고

달빛 따라 가벼운 구름처럼
일곱 개의 바다를 건너가리

고향선 월계랑 붉게두 피나 보다
내사 아무렇게 불러두 즐거운 이름

너는 왜 울고 있느냐

'포플라' 숲이 푸르고 때는 봄!
너는 왜 울고 있느냐
또……

진달래도 하늘을 향하여 미소하거늘
우리도 먼―하늘을 쳐다봐야 되지 않겠나?
묵은 비애의 철쇄鐵鎖를 끊어버리자……

그 사람이 우리 마음 알 때도 이제 올 것을……
너는 왜 울고 있느냐
매아미는
이슬이 말라야 세상을 안다고……
어서 눈물을 씻어라

울면은 무엇해?

'포플라' 숲으로 가자!
잃었던 노래를 찾으러……

우라지오 가까운 항구에서

삽살개 짖는 소리
눈보라에 얼어붙은 섣달그믐
밤이
얄궂은 손을 하도 곱게 흔들길래
술을 마시어 불타는 소원이 이 부두로 왔다.

걸어온 길가에 찔레 한 송이 없었대도
나의 아롱범은
자옥자옥을 뉘우칠 줄 모른다
어깨에 쌓여도 하얀 눈이 무겁지 않고나

철없는 누이 고수머릴랑 어루만지며
우라지오의 이야길 캐고 싶던 밤이면
울 어머닌
서투른 마우재말도 들려주셨지
졸음졸음 귀 밝히는 누이 잠들 때꺼정
등불이 깜빡 저절로 눈감을 때꺼정

다시 내게로 헤어드는
어머니의 입김이 무지개처럼 어질다

나는 그 모두를 살뜰히 담았으니
어린 기억의 새야 귀성스럽다
기다리지 말고 마음의 은줄에 작은 날개를 털라

드나드는 배 하나 없는 지금
부두에 호젓 선 나는 멧비둘기 아니건만
날고 싶어 날고 싶어
머리에 어슴푸레 그리어진 그곳
우라지오의 바다는 얼음이 두껍다

등대와 나와
서로 속삭일 수 없는 생각에 잠기고
밤은 얄팍한 꿈을 끝없이 꾀인다
가도오도 못할 우라지오.

아이야 돌다리 위로 가자

냇물이 맑으면 맑은 물 밑엔
조약돌도 들여다보이리라
아이야
나를 따라 돌다리 위로 가자

 멀구광주리의 풍속을 사랑하는 북쪽 나라
 말 다른 우리 고향
 달맞이 노래를 들려주마

다리를 건너
아이야
네 애비와 나의 일터 저 푸른 언덕을 넘어
풀냄새 깔앉은 대숲으로 들어가자

 꿩의 전설이 늙어 가는 옛성 그 성밖
 우리 집 지붕엔
 박이 시름처럼 큰단다

구름이 희면 흰구름은
북으로 북으로도 가리라

아이야
사랑으로 너를 안았으니
댓잎사귀 사이사이로 먼 하늘을 내다보자

    봉사꽃 유달리 고운 북쪽 나라
    우리는 어릴 적
    해마다 잊지 않고 우물가에 피웠다

하늘이 고이 물들었다
아이야
다시 돌다리를 건너온 길을 돌아가자

    돌담 밑 오지항아리
    저녁별을 안고 망설일 즈음
    우리 아운 나를 불러 불러 외롭단다

해가 솟으면

잠잠히 흘러내리는
개울을 따라
마음 섧도록 추잡한 거리로 가리
날이 갈수록 새로이 닫히는
무거운 문을 밀어제치고

조고마한 자랑을 만날지라도
함부로 푸른 하늘을 대할지라도
내사
모자를 벗어 반갑게 흔들어 주리라

숱한 꽃씨가 가슴에서 튀어나는 깊은 밤이면
손뼉소리 아스랗게 들려오는 손뼉소리
멀어진 모오든 사람들의 이름을 부르며
호올로 거리로 가리

욕된 나날이 정녕 숨가쁜
곱새는 등곱새는
엎디어 이마를 적실 샘물도 없어

5

죽음

별과 별들 사이를
해와 달 사이 찬란한 허공을 오래도록 헤매다가
끝끝내
한 번은 만나야 할 황홀한 꿈이 아니겠습니까

가장 높은 덕이요 똑바른 사랑이요
오히려 당신은 영원한 생명

나라에 큰 난 있어 사나이들은 당신을 향할지라도
두려울 법 없고
충성한 백성만을 위하여 당신은
항상 새누리를 꾸미는 것이었습니다

아무도 이르지 못한 바닷가 같은 데서
아무도 살지 않은 풀 우거진 벌판 같은 데서
말하자면
헤아릴 수 없는 옛적 같은 데서
빛을 거느린 당신

38도에서

누가 우리의 가슴에 함부로 금을 그어 강물이
검푸른 강물이 굽이쳐 흐르느냐
모두들 국경이라고 부르는 삼십팔 도에 날은
저물어 구름이 모여

물리치면 산 산 흩어졌다도
몇 번이고 다시 뭉쳐선
고향으로 통하는 단 하나의 길

   철교를 향해
   철교를 향해
   떼를 지어 나아가는
피난민의 행렬

―야폰스키가 아니요 우리는
거린채요 거리인 채
한 달두 더 걸려 만주서 왔단다
땀으로 피로 지은 벼도 수수도
죄다 버리고 쫓겨서 왔단다
이 사람들의 눈 좀 보라요
이 사람들의 입술 좀 보라요

―야폰스키가 아니오 우리는
거린 채요 거리인 채

그러나 또다시 화약이 튀어
저마다의 귀뿌리를 총알이 스쳐
또다시 흩어지는 피난민들의 행렬

나는 지금
표도 팔지 않는 낡은 정거장과

꼼민탄트와 인민위원회와
새로 생긴 주막들이 모여 앉은
죄그마한 거리 가까운 언덕길에서
시장기에 흐려가는 하늘을 우러러
바삐 와야 할 밤을 기대려

모두들 국경이라고 부르는 삼십팔 도에
어둠이 내리면 강물에 들어서자
정갱이로 허리로 배꼽으로 모가지로
마구 헤치고 나아가자
우리의 가슴에 함부로 금을 그어
굽이쳐 흐르는 강물을 헤치자

천치天痴의 강아

풀쪽을 수목을 땅을
바윗덩이를 무르녹이는 열기가 쏟아져도
오직 너만 냉정한 듯 차게 흐르는
강아
천치의 강아

국제철교를 넘나드는 무장武裝열차가
너의 흐름을 타고 하늘을 깰 듯 고동이 높을 때
언덕에 자리 잡은 포대砲臺가 호령을 내려
너의 흐름에 선지피를 흘릴 때
너는 초조에
너는 공포에
너는 부질없는 전율밖에
가져본 다른 동작이 없고
너의 꿈은 꿈을 이어 흐른다

네가 흘러온
흘러온 산협山峽에 무슨 자랑이 있었더냐
흘러가는 바다에 무슨 영광이 있으랴
이 은혜롭지 못한 꿈의 향연을

전통을 이어 남기려는가
강아
천치의 강아

너를 건너
키 넘는 풀 속을 들쥐처럼 기어
색다른 국경을 넘고자 숨어다니는 무리
맥 풀린 백성의 사투리의 향려鄕閭를 아는가
더욱 돌아오는 실망을
묘표墓標를 걸머진 듯한 이 실망을 아느냐

강안江岸에 무수한 해골이 뒹굴어도
해마다 계절마다 더해도
오직 너의 꿈만 아름다운 듯 고집하는
강아
천치의 강아

오월에의 노래

이빨 자욱 하얗게 홈 간 빨뿌리와 담뱃재 소복한 왜접시와 인젠 불살라도 좋은 몇 권의 책이 놓여 있는 거울 속에 너는 있어라

성미 어진 나의 친구는 고오고리를 좋아하는 소설가 몹시도 시장하고 눈은 내리던 밤 서로 웃으며 고오고리의 나라를 이야기하면서 소시민 소시민이라고 써놓은 얼룩진 벽에 벗어버린 검은 모자와 귀걸이가 걸려 있는 거울 속에 너는 있어라

그리웠던 그리웠던 구름 속 푸른 하늘은 우리 것이라 그리웠던 그리웠던 메이데이의 노래는 우리 것이라

어느 동무들이 희망과 초조와 떨리는 손으로 주워 모은 활자들이냐 아무렇게나 쌓아놓은 신문지 우에 독한 약봉지와 한 자루 칼이 놓여 있는 거울 속에 너는 있어라

다리 우에서

바람이 거센 밤이면
몇 번이고 꺼지는 네모난 장명등을
궤짝 밟고 서서 몇 번이고 새로 밝힐 때
누나는
별 많은 밤이 되어 무섭다고 했다

국수집 찾아가는 다리 우에서
문득 그리워지는
누나도 나도 어려선 국수집 아이

단오도 설도 아닌 풀벌레 우는 가을철
단 하루
아버지의 제삿날만 일을 쉬고
어른처럼 곡을 했다

강가

아들이 나오는 올겨울엔 걸어서라두
청진으로 가리란다
높은 벽돌담 밑에 섰다가
세 해나 못 본 아들을 찾아오리란다

그 늙은인
암소 따라 조이밭 저쪽에 사라지고
어느 길손이 밥 지은 자췬지
끄슬은 돌 두어 개 시름겨웁다

고독

땀내나는
고달픈 사색 그 복판에
소나비 맞은 허수애비가 그리어졌다
모초리 수염을 꺼리는 허수애비여
주잖은 너의 귀에
풀피리 소리마저 멀어졌나 봐

소원

나라여 어서 서라
우리 큰놈이 늘 보구픈 아저씨
유정이도 나와서
토장국 나눠 마시게
나라여 어서 서라
꿈치가 드러난 채
휘정휘정 다니다도 밤마다 잠자리발
가없는
가난한 시인 산운이도
맘 놓고 좋은 글 쓸 수 있게
나라여 어서 서라
그리운 이들 너무 많구나
목이랑 껴안고
한번이사 울어도 보게
좋은 나라여 어서 서라

폭풍暴風

폭풍
폭풍
거리 거리의 정돈미整頓美가 뒤집힌다
지붕이 독수리처럼 날아가고
벽은 교활한 미련을 안은 채 쓰러진다
대지에 거꾸러지는 대리석 기둥—
보이잖는 무수한 화석으로 장식된
도시의 넋이 폭발한다

기만과 질투와 음모의 잔해를 끌안고
통곡하는 게 누구냐
지하로 지하로 피난하는 선량한 시민들아
눈을 감고 귀를 막은 등신이 있느냐
숨통을 잃어버린 등신이 있느냐
폭풍
폭풍

열두 개의 층층계

열두 개의 층층계를 올라와
옛으로 다시 새날로 통하는 열두 개의
층층계를 양볼 붉히고 올라와
누구의 입김이 함부로 이마를 스칩니까
약이요 네 벽에 층층이 쌓여 있는 것
어느 쪽을 무너뜨려도 나의 책들은 아니올시다
약상자뿐이요 오래 묵은 약병들이오

청춘을 드리리다 물러가시렵니까
내 숨 쉬는 곳곳에 숨어서 부르는 이
모두 다 멀리로 떠나보내고
어둠과 어둠이 마주쳐 찬란히 빛나는 곳
땅을 향해
흔들리는 열두 개의 층층계를
영영 내려가야 하겠습니다

이 용 악

연 보

1914(1세) 11월 23일, 함경북도 경성군鏡城郡 경성면에서 출생.

1934(21세) 일본 동경 상지대학上智大學 신문학과에 입학. 방학 때는 귀향하여 만주滿洲 등지를 다니며 유민들의 비극적인 실상을 체험하며 그 결실로『분수령』『낡은 집』등의 시집을 냄.

1935(22세) ≪신인문학≫ 3월호에 시「패배자의 소원」을 발표하며 문단에 나옴.

1936(23세) 동경에서 김종한과 더불어 동인지 ≪이인二人≫을 간행함.

1937(24세) 첫시집『분수령』(동경 삼문사) 간행.

1938(25세) 제2시집『낡은 집』(동경 삼문사) 간행.

1939(26세) 일본 유학을 마치고 귀국하여 최재서가 주관하던 ≪인문평론≫ 지 기자로 근무.

1942(29세) ≪춘추≫에「노래 끝나면」발표 후 절필, 귀향함.

1946(33세) 조선문학가동맹 회원으로 가담.『중앙신문』기자로 근무.

1947(34세) 제3시집『오랑캐꽃』(아문각)간행. ≪협동≫에「그리움」발표.

1949(36세) 제4시집 『이용악집』(동지사) 발간.
             <남로당서울시문화예술사건>에 연루되어 서대문형무소에 수감.

1950(37세) 6·25동란 중 월북.

1971(58세) 북에서 사망.

1988년 『이용악시전집』(창작과 비평사) 간행.

〖한국대표명시선100〗을 펴내며

　한국 현대시 100년의 금자탑은 장엄하다. 오랜 역사와 더불어 꽃피워온 얼·말·글의 새벽을 열었고 외세의 침략으로 역경과 수난 속에서도 모국어의 활화산은 더욱 불길을 뿜어 세계문학 속에 한국시의 참모습을 드러내게 되었다.
　이 나라는 글의 나라였고 이 겨레는 시의 겨레였다. 글로 사직을 지키고 시로 살림하며 노래로 산과 물을 감싸왔다. 오늘 높아져 가는 겨레의 위상과 자존의 바탕에도 모국어의 위대한 용암이 들끓고 있음이다.
　이제 우리는 이 땅의 시인들이 척박한 시대를 피땀으로 경작해온 풍성한 시의 수확을 먼 미래의 자손들에게까지 누리고 살 양식으로 공급하는 곳간을 여는 일에 나서야 할 때임을 깨닫고 서두르는 것이다.
　일찍이 만해는 「님의 침묵」으로 빼앗긴 나라를 되찾고 잃어가는 민족정신을 일으켜 세우는 밑거름으로 삼았으며 그 기룸의 뜻은 높은 뫼로 솟아오르고 너른 바다로 뻗어 나가고 있다.
　만해가 시를 최초로 활자화한 것은 옥중시 「무궁화를 심고자」(《개벽》 27호 1922. 9)였다. 만해사상실천선양회는 그 아흔 돌을 맞아 만해의 시정신을 기리는 일의 하나로 '한국대표명시선100'을 펴내게 된 것이다.
　이로써 시인들은 더욱 붓을 가다듬어 후세에 길이 남을 명편들을 낳는 일에 나서게 될 것이고, 이 겨레는 이 크나큰 모국어의 축복을 길이 가슴에 새겨나갈 것이다.

만해사상실천선양회

한국대표명시선100 | **이용악**

오랑캐꽃

1판1쇄 발행 2013년 7월 17일
1판2쇄 발행 2017년 11월 7일

지 은 이 이용악
뽑 은 이 만해사상실천선양회
펴 낸 이 이창섭
펴 낸 곳 시인생각
등록번호 제2012-000007호(2012.7.6)
주   소 고양시 일산동구 호수로 688. A-419호
전   화 ⓤ10364
팩   스 050-5552-2222
홈페이지 (031)812-5121
이 메 일 lkb4000@hanmail.net

값 6,000원

ISBN 978-89-98047-57-3 03810

* 잘못된 책은 책을 구입하신 서점에서 교환하여 드립니다.

※ 이 책은 만해사상실천선양회의 지원으로 간행되었습니다.